バンクビジネス別冊

後輩指導に役立つ！

窓口実務・営業のおさらい辞典

バンクビジネス編集部［編］

近代セールス社

はじめに

金融機関では、様々な法令や指針をもとにして規定・マニュアルが作られ、業務が合理的に遂行されるようになっています。ただ、若手行職員にとっては、業務ノウハウの前提となる知識の習得・定着には一定の時間・努力が求められます。それもそのはず、若手のうちは目先の手続きやオペレーションをやり遂げることに精一杯で、「いま手掛けている仕事がどんな法令や指針に基づくものなのか」、「どんな経緯で現在の形に収斂しているのか」――といったことに、意識を振り向ける余裕がないのが普通だからです。

事務における手続きやオペレーションの進め方はもちろん重要ですが、表面的なノウハウのみをなぞって仕事を覚えていってしまうと、「根本的な勘違い・知識不足から事務ミスを起こしてしまう」、あるいは「お客様からの何気ない質問に回答できないことで、信頼を失う」といった状況に至るリスクを高めてしまいます。

それを防いでくれるのが、やはり各種手続き・商品案内等の大元にある法令や、銀行業における仕事の成り立ち・変遷の理解といった基礎知識なのです。さらに、これらを身につけるメリットは、実務者である「自分のため」にとどまらない点が大切です。自身が「先輩」になった際の、的確な後輩指導と人材育成の礎にもなるからです。

営業や接客といった仕事については、担当者の裁量にゆだねられる部分が多く、試行錯誤せざるを得ない実情もあります。特に先輩の立場にいらっしゃる皆さんには、事務だけでなく営業・接客面での後輩のフォローも求められていることでしょう。そこで本書では、窓口実務・営業ともに役立てられる「業務の前提」のおさらい、それに伴う後輩指導にかかるポイントをご紹介しています。「先輩」になる前の新人の皆さん、またすでに先輩である皆さんにとって、日々の仕事の「辞典」代わりに活用いただければ幸いです。

バンクビジネス編集部

目次

Part 1 窓口実務に関する質問 編

Part 3 後輩指導のこんなときどうする編

Part 1

窓口実務に関する質問 編

1

先輩！教えてください

なぜ普通預金という名称なんですか？

日本の銀行制度は、明治維新後に大枠が制定され、その後様々な変遷を重ねてきました。第一次世界大戦頃までの民間向け商業銀行は、企業（法人）向けの普通銀行と、庶民（個人）向けの貯蓄銀行に２分されていました。

このうち貯蓄銀行は、18世紀末にフランスやイギリスで発生し、その思想が日本に輸入される形で、明治政府が交付した貯蓄銀行條令（条令の戦前までの表記）に基づき設立されました。現在の個人向け金融機関の原型です。

昔は貯蓄銀行の商品だった

貯蓄銀行の固有商品の中に、金利が付くだけでなく決済もできる「普通預金」がありました。背景に「国力増進のため庶民に貯蓄を奨励したい」という明治政府の意向があったと考えられます。一方、法人向けの普通銀行の取扱いは、現在とほぼ同様の当座預金と金利の付く「特別当座預金」だけでした。

貯蓄銀行は、第一次世界大戦後の世界恐慌によって、その多くが経営破綻・普通銀行への業態転換・普通銀行との再編等を余儀なくされ、1949年に消滅しました。その一方で、商品としての普通預金だけが残り、現在に至ります。

説明時には、このような歴史とともに、「金利が付く決済性預金」である普通預金は世界的にも珍しいことを後輩に伝えると、興味を持ってもらえるでしょう。

▼こう説明してみよう

先輩 なぜ普通預金という名称になっているんですか
話は明治時代にさかのぼるわ 当時は個人向けに貯蓄銀行が普通預金を取り扱っていたの
貯蓄銀行
普通銀行
世界恐慌で多くの貯蓄銀行がなくなったんだけど 普通預金は普通銀行に受け継がれて生き残ったのよ
先輩 すごい! その話 面白いです

2

先輩！教えてください

どんな人に口座開設を勧めたらよいのですか？

全人口に占める65歳以上の割合が21％を超える社会を「超高齢社会」と呼び、わが国は２０１０年以降、この状態にあります。また、15年の国勢調査により、人口減少社会の到来も明らかになりました。

特に、地方部の過疎化・高齢化・人口減少傾向が著しいことに加え、事業者の倒産・廃業・事業停止などが起業を上回る傾向もみられます。わが国全体で、人口・事業者数の市場規模に対して金融機関の数が多い「オーバー・バンキング」状態になっており、金融機関の競争は一層激しさを増しています。

取引の入口という認識で幅広く勧めてもらおう

各金融機関では、生き残りのため、新規顧客の開拓とともに、既存顧客との取引深耕を推進している実態がみられます。取引の入口である預金口座の開設についても、反社会的勢力に関係する個人や事業者を除き、様々なお客様に幅広く勧めていくことを重要視している金融機関は珍しくありません。

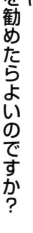

後輩からの質問には、こうした実態を含めて具体的な取組手法を説明します。窓口応対時などに「当行のお口座はすでにお持ちですか?」といった声かけ方法を伝えます。そのうえで、口座を保有済みのお客様には感謝の言葉から商品・サービス案内につなげ、保有していないお客様には口座開設の案内とともに商品・サービスにまつわる意見・要望等を聴くことをアドバイスしましょう。

▼こう説明してみよう

先輩 どんなお客様に口座開設を勧めたらよいのですか
反社会的勢力など取引できない人を除き幅広く勧めていいのよ
勧めるときは「私どもの銀行のお口座はすでにお持ちですか」といった声かけから始めるといいわ
はい わかりました
がんばります!!

3

先輩！教えてください

お客様の住居が遠隔地だとなぜ問題なんですか？

お客様が利用できる金融機関の数には、特段の制限がありません。よって担当者は「お客様は他の金融機関とも取引を行っている」ことを常に意識する必要があります。

人口減少社会が到来しているいま、自行庫の生き残りのためには、口座開設だけで満足せず、取引の種類を広げて関係性を深めるメイン化が求められます。

口座がある店舗と生活拠点との距離が物理的に近ければ、口座利用の可能性が高いですし、遠ければ利用の可能性も低く、メイン化も難しくなります。

取引目的の把握が不可欠な現状を理解してもらう

口座開設時には、通帳やキャッシュカードなどの作成に加え、事務対応のための人員やシステム維持管理等にも費用がかかります。このため、開設時の少額預金の受入れだけでは、収支上は赤字になるのです。

また、口座は犯罪に利用される一面もあります。マネー・ローンダリング対策の高度化も求められる昨今では、休眠化の可能性が見込まれる口座開設依頼に対し、どうしても消極的にならざるを得ません。それゆえ、旅行記念に訪問地での口座開設を希望された場合など開設後の利用が見込めなければ、謝絶することもあります。

後輩には、こうした事情とともに、実務上では開設・利用目的の把握が必要なことや、希望者に開設できない旨を理解してもらうことも説明します。

▼こう説明してみよう

口座開設申込書に記入された住所と支店所在地が離れているとなぜ問題なんですか
口座を作っても利用頻度は少なく費用と収益の点で赤字になりかねないためよ
それに将来的に休眠口座になって不正利用されるおそれもあるからね
納得…
そういうことなんですね

4

先輩！教えてください

本人確認と取引時確認は何が違うのですか？

マネー・ローンダリングやテロ資金供与の横行に対する防止措置として、順次、確認内容が強化されてきました。

２００３年1月に「金融機関等本人確認法（本人確認法）」が施行され、この際に「本人確認」という言葉が初めて現れました。当時の監督官庁は金融庁で、本人確認と取引記録保存の実施が法制化されたのです。

同法は、翌年12月に改正され、他人になりすまして行った口座開設や口座の売買に罰則が設けられました。

確認事項の違いはあれど、現在は取引時確認で統一

その後07年には「犯罪による収益の移転防止に関する法律（犯収法）」が一部施行され、翌年の同法の全面施行に伴って、本人確認法は廃止されました。本人確認法から犯収法に切り替わったことで、「①本人特定事項の確認に取引目的・職業等の確認が追加」「②適用事業者が金融機関以外にも拡大」「③監督官庁が金融庁から警察庁に移管」

しました。犯収法はその後さらなる改正がなされています。

こうした変遷があったため、ベテラン行職員の間で本人確認と取引時確認を混同する発言もみられますが、現在の取扱名称は「取引時確認」です。根拠法や所管官庁は異なるものの、両者の実施目的は変わりません。

法令の変遷を知らない新人からすると、両者の違いがよくわからないということもあります。変遷とともに確認事項の違いを説明するとよいでしょう。

▼こう説明してみよう

本人確認と取引時確認は何が違うのですか
本人確認はかつて制定されていた本人確認法により規定されたことよ
取引時確認のうちの本人特定事項の確認が本人確認に相当するけど本人確認と取引時確認は異なるので混同しないでね
取引時確認
本人特定事項の確認
||
本人確認
はい

5

先輩！教えてください

言動が不明確な来店者の取引に応じてよいですか？

銀行の３大業務である預金・融資・為替取引のほか各種金融機能の提供は、利用者との合意に基づく契約行為に該当します。この関係に例外はなく、公共料金などの窓口収納（集金代行）も、両替も、貸金庫もすべて合意した契約内容に沿って提供している位置づけです。

契約行為は、当事者双方が合意する際に契約内容を理解することや、双方の合意内容を履行することが可能でなければ成立しません。民法上では、こうした当事者能力を「行為能力」と呼び、行為能力なき者が行った契約は無効と解されます。したがって「行為能力を保有していない者」に加え、「行為能力を保有していないことが疑われる者」との契約も、差し控えざるを得ません。

契約行為の原理原則に応じた対応が基本に

超高齢社会に突入したわが国では、加齢に伴い心身の健康を害する高齢者も少なくありません。契約など法律行為を単独で行えない者については、成年後見ほか各種の後見制度が整備されているため、銀行取引のときにも、これらの制度を利用してもらうことになります。

実務上は、言動が不明確な来店者に対して、プライバシーに一定の配慮を行ったうえで、前述したような契約行為の原理原則を説明し、取引を謝絶せざるを得ません。役席者などと、可能な限り複数で対応することも望まれます。こうした留意点を後輩に教えましょう。

▼こう説明してみよう

言動があやふやな高齢のお客様からの取引依頼に応じてもいいのでしょうか
謝絶せざるを得ないでしょうね
金融取引は契約行為でありお客様に理解・判断能力がなければ成立しないためよ
わかりました

6

先輩！教えてください

「シャチハタを届出印にしたい」と言われました…

預金規定には、以下のような内容が含まれています。

「払戻請求書、諸届その他の書類に使用された印影（または署名鑑・暗証）を届出の印鑑（または署名鑑・暗証）と相当の注意をもって照合し、相違のないものと認めて取扱いましたうえは、それらの書類につき偽造、変造その他事故があってもそのために生じた損害については、当行は責任を負いません」

これは、印鑑照合時に「届出印との同一性」を判断して預金を払い戻した場合、偽物や他人の場合でも損害賠償に応じないとする宣言に他なりません。判例上も「金融機能提供に不可欠な取引の円滑性を担保するためにやむを得ない」と解されてきました。

朱肉印の届出を依頼してもらおう

適用には、行職員が①偽造・変造や他者による成りすまし等の事実を知らないこと、②必要十分な注意力をもって定められた手順どおりに照合しても同一の印影と判断される目視水準であったことが条件になります。

口座開設時の届出印影は、その後の払戻しの度に照合に活用されますが、浸透印（シャチハタ）では、年月の経過とともにインクが滲み印影の濃さや太さが変化する場合もあります。適切な印鑑照合が行えなくなれば、②の前提が崩れてしまいます。後輩には、お客様にこうした理由を説明し、トラブル回避のためにも朱肉印の届出を依頼するよう伝えましょう。

▼こう説明してみよう

「シャチハタをお届印にしたい」と言われたらどうしたらいいですか
シャチハタ
印鑑照合が適切に行えない可能性があるので朱肉印に変えてもらおうね
シャチハタは年月の経過により印影の濃さや太さが変化するかもしれないから
わかりました

7

先輩！教えてください

新券や新硬貨の依頼にはどう対応したらいいですか？

ご祝儀やお年玉などを渡す風習から、預金の払戻しや両替のときに「新券が欲しい」「綺麗な硬貨が欲しい」等と求められることがあります。応対時には「できるだけ希望に応じてあげたい」という心情や、「断ったら苦情やクレームにつながるかも…」という懸念が生じることでしょう。

しかしながら、金融機関の店舗が保有する紙幣・硬貨には、真新しいものから相応の年月が経過したものまで混在しています。手続きの過程において年式等の区別なく取り扱います。

刷られたばかりの新券や鋳造されたばかりの硬貨を特定の市中金融機関や店舗に集中的に供給している事実もありません。

可能な範囲で応じるようにしてもらおう

金融機関の行職員には、お客様を問わず公平・公正な姿勢で金融機能を提供することが求められます。預金規定等には、新券や新硬貨の提供に言及している箇所はありません。もっともお客様全員から新券等の提供を求められても、それには応じられないのですから、本来は明確な根拠のない差別化をすべきではないのです。

したがって実務上は、お客様に新券等が必要である理由を聴取したうえで応じられる範囲で応じます。応じることができたとしても、いつも新券等の用意があるとは限らない場合はその旨を伝えておく必要もあるかもしれません。後輩にも留意を促しましょう。

▼こう説明してみよう

ピシッ
新券を希望された場合はどう対応したらいいのですか
お客様に理由を聞いて応じられる範囲で応じることになるわ
場合によっては応じられないこともあるから注意が必要よ
わかりました

8

先輩！教えてください

「通帳と印章がなく暗証番号も忘れた」と言われました…

預金は、預金者に帰属する財産上の権利であり、金融機関が権利者以外に誤って払い戻せば、過失に基づく損害賠償の対象にもなります。これはいわゆる二重払いで、典型的な事務リスクの1つに挙げられます。

預金者ほか金融機関と取引するお客様は膨大な数に及ぶため、行職員がお客様の人相をすべて覚えることはできません。

このため、預金の払戻時には、「金融機関が交付した通帳＋払戻請求書への届出印章による記名押印」をもって権利者としての外観を備える者に、行職員が「本人でない」事実を知らず行職員側に大きな過失がない場合に、民法478条に基づく準占有者に対する弁済が適用されると解されます。機械払時のキャッシュカードと暗証番号による手続きも、同様です。

届出印を再登録してもらおう

よって、このようなケースの場合、実務上では通帳・印章を持参した形での再来店を依頼する、もしくはキャッシュカードの暗証番号を思い出す対応を求めることになります。そうした対応が難しいうえ、なお即座の払戻しを求める場合には、顔写真入り公的証明書等で本人確認を行うとともに、別の印章を持参してもらい届出印を再登録するしかありません。

　こうした対処とともに、別の印章を届出印として再登録することになれば、所定の手数料がかかることも、後輩に説明しておくとよいでしょう。

▼こう説明してみよう

先輩「通帳と印章を持っていないけど現金を下ろしたい」と言われたのですが…
キャッシュ・カードの暗証番号は？再来店はダメなの？
どちらもダメなようです
う〜〜ん..
それじゃあ本人確認と別の印章の再登録しかないわね…

9

先輩！教えてください

高齢のお客様から「当座預金を使いたい」と言われました…

売買やサービス利用に伴う代金の決済は、できるだけ迅速に行われることが、経済にも活性化をもたらします。無利息で要求払いの決済機能を持つ決済用預金が、受入金融機関の経営破綻時に預金保険によって全額保護される理由も、ここにあります。当座預金は、この決済用預金の大部分を占めています。

その一方で、信用力のない者に手形や小切手が交付されることで、結果として不渡が横行すれば、社会が混乱します。金融機関が必要十分な調査をせずに当座預金口座を開設したため、不渡の乱発や手形詐欺などが発生すれば、金融機関に道義的責任・法的責任が問われる可能性もあります。

役席者に委ねることも一案としてもらう

このようなことから、当座預金は、迅速な支払いニーズと一定の信用力の双方を持つと想定されるお客様に合致した商品です。そのため、対象は信用調査機関等で一定以上の評価がみられる事業者や、すでに一定の取引がある事業者に限定され、個人との取引は個人事業主に限定されることが一般的となっています。個別金融機関によって異なるものの、高齢者等個人からの口座開設依頼に対しては、例外対応として支店長や本部が承認することがあります。

よって、この場合は、速やかに役席者などにお客様の意図を伝え、判断を委ねます。謝絶時には、丁寧な対応に留意することも説明するとよいでしょう。

▼こう説明してみよう

先輩 高齢のお客様から「小切手を使いたいので当座預金を作りたい」と言われたのですがどうしたらいいですか
例外的に認めることもあるから事情を聞いてね
それを課長に伝えて判断してもらうのよ対応についても指示をあおいでね
はい

10

先輩！教えてください

「貯蓄預金はどんな預金か」とお客様に聞かれました…

貯蓄預金は、１９９２年に取扱いが開始された比較的新しい商品です。「貯蓄はしたし、なるべく高い金利を受け取りたい。だけれども、定期預金のように拘束されたくない」というお客様ニーズに応じるべく、貯蓄機能に重点を置いた高利回りの要求払預金としています。

注意事項を通知しておくように伝えよう

最大の特徴は、取引対象者を個人に限定していることと、総合口座としての利用のほか、自動受取・自動振替などに制限があることです。例えば、給与・年金の受取口座としての指定はできません。また、株式・信託の配当金や投資信託の分配金・保護預かりの国債・社債の元利金にかかる自動振込入金に対する自動受取もできません。さらに、各種公共料金やクレジットカード代金などの継続的な自動振替も利用できません。

トラブルの防止・抑止のため、お客様にこれらの注意事項を通知することを後輩に説明するとよいでしょう。

一定の基準残高があれば、普通預金より高金利とする金融機関が多いです。マル優の対象になり、取扱方法も普通預金と同じです。普通預金同様に、キャッシュカード発行も可能です。

その一方で、現在の超低金利環境では、貯蓄預金金利を普通預金と同じ水準としている金融機関も珍しくありません。よってお客様の質問に答える前に、自行庫の商品概要や適用金利を確認するよう伝えましょう。

▼こう説明してみよう

先輩「貯蓄預金ってどんな預金か」とお客様に聞かれたのですがどう説明したらいいですか
自動受取・自動振替・振込出金などに制限があることを説明するといいわ
残高に応じて金利が普通預金より高くなる預金だけどいまの水準は変わらないことも伝えてね
はい

11

先輩！教えてください

「納税準備預金とは何か」とお客様に聞かれました…

納税準備預金は取扱機会が少ないためによく覚えていない担当者もいるかもしれませんが、２０１９年10月に行われた消費税率の引上げにより、近年改めて注目されました。この機会に改めておさらいし、お客様からの質問や照会などに備えておくことも重要でしょう。

納税専用の預金であると覚えてもらう

納税準備預金とは、「納税（義務）者が税金の納付を容易に実施できるよう、前もって日頃から納税資金（準備金）を積み立てておくための預金」です。

例えば消費税は、物やサービスを消費する消費者が、本体価格の10％を負担する制度です。消費者には、未成年者から高齢者までが幅広く該当します。それでは、未成年者から「消費税を納めるために納税準備預金の口座を作りたい」という申し出を受けて応じられるでしょうか。答えはノーです。

ここでは、未成年者単独での法律行為が論点になるのではなく、納税者にあたるかどうかが論点になります。納税者とは「税を（最終的に）納付する者」ですので事業者がこれにあたり、未成年者を含む消費者は「税を（最終的に）負担する者」にあたります。後者を担税者と呼びます。

よって、お客様には簡潔に「納税者の納税専用預金になります」と伝え、詳しい説明を求められた場合はそれに応じることになります。

▼こう説明してみよう

先輩「納税準備預金とは何か」とお客様に聞かれたのですがどう答えたらいいですか
「納税者の納税専用預金になります」と言うといいわ
こう伝えればイメージしてもらいやすいでしょう詳しい説明はそれからよ
はい

12

先輩！教えてください

どうして「『スーパー定期』預金」という名称なのですか？

「スーパー定期」は通称で、正式名称は「自由金利型定期預金」といいます。ややこしいのですが、かつては「スーパー」ではない普通の定期預金もありましたが、今はありません。

戦後復興に伴う激しいインフレを抑制する目的で、１９４７年に臨時金利調整法が施行され、預金の金利は種類や期間別に細かく定められることになりました。これがいわゆる「規制金利」と呼ばれるものです。

70年以降は、同法の範囲が縮小される形で徐々に金利が自由化されます。85年には、譲渡性預金金利と連動する１０００万円以上の「大口ＭＭＣ（Money Market Certificate）」が導入されました。

89年には、その最低預入金額を３００万円とする「小口ＭＭＣ」が導入され、「それまでのＭＭＣを超える商品」という意味で、「スーパーＭＭＣ」という通称が生まれたようです。その後、スーパーＭＭＣは最低預入金額を順次引き下げ、92年には撤廃されました。

「スーパーMMC」を統合したものと覚えてもらう

これに並行して、91年に最低預入金額を３００万円とするスーパー定期が導入されました。93年には、スーパー定期の最低預入金額も撤廃され、それに伴って、スーパーMMCがスーパー定期に統合される形で姿を消したのです。

現在では、「金融機関の定期預金＝スーパー定期」となっています。

▼こう説明してみよう

先輩 スーパー定期預金ってなんでこういう名称なんですか
スーパーMMCの登場に関係するわ
歴史としては小口MMCが「大口MMCを超える商品」という意味で「スーパーMMC」と名付けられたのよ
この名称にならったといえるわね
なるほど

13
先輩！
教えてください

「通知預金はどんな預金？」と聞かれました…

通知預金は、預入れ後すぐに払戻しができない据置期間が設定されていることに加え、払戻しに先立って金融機関に払戻しを行う旨の予告通知も必要な預金です。

据置期間は、金融機関によって任意に設定されますが、７日間が一般的です。予告通知は、払戻日の２日前までとされることが平均的です。「預金１口あたりの最低預入額」が、銀行で5万円・信用金庫で１万円・信用組合で１０００円以上などと定められています。

一部払戻しに応じないことも押さえてもらう

予告通知は、窓口や渉外担当者に口頭で伝える形態だけでなく、ほとんどの金融機関で、郵送・電話・ＦＡＸ・電子メールなどでも受け付けています。面前での受付時以外の場合は、予告通知受領後に折り返して意思確認を行っている金融機関もありますので、お客様との面談に先んじて、念のため内部ルールを確認しましょう。

また、通常の場合、通知預金の一部払戻しには応じていません。金利は改定に伴って随時変動し、１年を３６５日とする日割計算に応じて、払戻しに合わせて一括利払いします。

通知預金は、預金保険制度の付保対象預金に該当します。決済性預金を除いた他の預金と合算し、１金融機関あたり元本合計１０００万円までとその利息が保護されます。

以上のような概要をお客様に説明するとよいでしょう。

▼こう説明してみよう

先輩 お客様に「通知預金とはどんな預金か」と聞かれたのですがどう説明すればいいですか
まず預入後すぐに払戻しができない据置期間があることを伝えるといいわ
次に払戻しに先立ち銀行に通知する必要があることそして据置期間や通知期限最低預入額など詳細を説明してね
はい

11

先輩！教えてください

「別段預金はどんな預金？」と聞かれました…

別段預金の性格・性質は、一般の預金とは大きく異なります。金融機関の業務上、通常の勘定科目では処理できない未整理・未決済の預り金などを便宜的・一時的に処理したり保管したりするために設けられた預金だからです。広く一般に利用されることを前提に提供される預金商品ではなく、金融機関の内部勘定科目ともいえます。

別段預金は、預金科目の1つですが、実のところ「何を、あるいはどんなことを別段預金で勘定処理しなければならないか」という明確な判断・区別基準はありません。法的性質も受入動機に応じて異なることになり、一律に捉えられません。また、受入後にも、金融機関が返還義務を負うものばかりではなく、実質的には借受金と同等のものも含まれます。

お客様用の商品ではないことに注意

お客様への説明のために、別段預金のチラシやパンフレットを作成・配布している金融機関はほとんどありません。

しかしながらこの一方で、金融機関の経営実態の解説・公開のため作成されるディスクロージャー誌には、別段預金の文言が含まれています。このため、ごく稀にお客様から問合せを受けることがあります。

こうした際には、「金融機関内部で勘定を処理するために、便宜的に利用される預金科目ですので、お客様向けの商品ではありません」と簡潔明瞭に説明するとよいでしょう。

▼こう説明してみよう

先輩 お客様に「別段預金とはどんな預金か」と聞かれたのですがどう説明すればいいですか
金融機関が内部で便宜的に利用するための預金科目であると説明するといいわ
普通のお客様向けの商品ではないことをきちんと伝えることが大事よ
はい

15

先輩！教えてください

「総合口座とは何か」と聞かれました…

総合口座をひと言でいえば、「普通預金＋定期預金＋定期預金を担保とした当座貸越」が一体となった口座です。1972年8月に、当時の都市銀行13行が、一斉に取扱いを開始しました。他の業態も順次それにならっていったため、現在では各地で幅広く利用されています。

総合口座の当座貸越は、当座預金と連動する貸越契約ではありません。普通預金の残高不足時に、自動的に定期預金を担保差入（質権設定）することで、当座貸越が利用でき、残高不足を補う融資機能が付加されているのです。貸越金の返済は、貸越金残高に達するまで、普通預金への入金金額が自動的に充当される仕組みになっています。

定期部分が自動継続型なのも特徴

貸越時の担保とすることを前提としているため、通常の定期預金の最低預入金額は1万円以上としていることが一般的です。自由金利型定期預金を組み込める金融機関も多いのですが、この場合は最低預入金額が異なりますので、商品概要を参照するとよい

でしょう。普通・定期預金ともに、預入限度は設定されていません。定期預金は自動継続型となっています。

貸越金については、「複数の定期預金合計の9割かつ一定額以内」の極度額（限度額）が設定されています。極度額は、200万円または300万円としている金融機関が多いようですが、提供内容を参照し、誤りがないように説明しましょう。

▼こう説明してみよう

先輩 お客様に「総合口座とは何か」と聞かれたんですがどう説明すればいいですか
普通預金と定期預金と当座貸越が組み合わさった口座と伝えるといいわ
当座貸越によって普通預金残高を超えるお金が利用できることも付け加えてね
はい

16

先輩！教えてください

「定期積金とは何か」と聞かれました…

定期積金は、一定の期間にわたって定期的（毎月であることがほとんど）に一定の金額を金融機関に払い込むことにより、満期日にまとまった金額を受け取ることができる商品です。定期預金と並び、定期性預金を形成する、代表的な商品です。

歴史を紐解けば、国民大衆の零細な貯蓄を保管・利殖するとともに、明治期における資本量の不足を補うことを目的に19世紀末に設立された貯蓄銀行に限って認められていた商品でした。貯蓄銀行が消滅した現在では、地方銀行・第二地方銀行・信用金庫・信用組合に加え、農業協同組合などでも取り扱われるようになっています。

契約に基づく給付であることがポイント

名称が示すとおり預金ではなく、資金の払込みを「掛込み」、掛け込む資金を「掛金」といいます。積立定期預金の場合には、構成される各預金１本１本が、法律的に独立した契約に則って成立するのに対し、定期積金はあくまでも全体で１つの契約の位置付けです。

満期日に受け取れるまとまった金額を「給付契約金」といい、この額は掛金の総額を上回ります。給付契約金と掛金総額の差額を「給付補填金」といい、預金の利息と似ているものの、契約に基づく給付であって利息ではありません。定期積金では、利率や金利ではなく「利回り」と呼びます。

預金ではないものの、預金保険制度の対象となります。

▼こう説明してみよう

先輩 お客様に「定期積金とは何か」と聞かれたのですがどう説明すればいいですか
毎月一定額を一定期間にわたって払い込むことにより——
満期日にまとまった金額を受け取ることができる商品とまず伝えるといいわ
はい

17

先輩！教えてください

金融機関にとって口座振替の推進はなぜ重要なのですか？

融資の原資は、預金に他なりません。よって多額の融資には多額の預金が必要であり、安定的に融資を実行していくためには、安定的な預金調達を実現する必要があります。

これに寄与する1つが、個人の生活口座です。給与や年金の受取口座に指定してもらうことで、定期的に口座に入金がなされ、預金残高が安定化します。

公共料金などの支払いにあたり、普通預金口座等で口座振替を利用してもらえれば、支払いに先んじて口座への入金と資金滞留が期待できます。滞留資金を融資に回せるだけでなく、調達金利が比較的低利に抑えられます。これが口座振替の推奨理由です。

メイン化には口座振替が不可欠！

また、わが国は利用者に比べて金融機関の数が多い「オーバー・バンキング」状態にあるともいわれています。２０１５年に人口減少社会に突入し、地域を問わず「創業・事業再開より倒産・廃業・事業休止が多い」実態も見られます。

こうした中で生き残りを図るには、取引のメイン化が不可欠です。わかりやすくいえば、1人でも多くのお客様に預金口座を介したやり取りを実施してもらうことが重要になります。というのも、資金の流れを通じて生活様式を類推すれば、新たな提案も可能になるからです。

口座振替は、そんなメイン化策の1つに他なりません。これも口座振替の推奨理由です。

▼こう説明してみよう

先輩 なぜお客様に
口座振替を勧めないと
いけないのですか
口座振替を利用してもらえば
前もって入金がなされるから
一定期間資金を預かるでしょ
そもそも預金は融資の原資よ
だから口座振替してもらうと
比較的低利でその原資を
調達できるというわけ
なるほど

18

先輩！
教えて
ください

積数・複利とは何ですか？利息計算はどう行いますか？

積数とは「足し上げた数」のことで、累計額と言い換えられます。普通預金では、利息計算時に積数が利用されます。

例えば、付利単位100円・金利年0・001％・年365日の日割計算方式の普通預金で以下の動きがあったとします。

①2021年11月1日に新規口座開設し500万円入金…残高500万円
②11月15日に1100円入金…残高500万1100円
③11月22日に50万5000円出金…残高450万6000円
④11月29日に口座解約

金利変動がないとすると、利息は図表のとおりです。

複利とは「利子に利子がつく」こと

複利とは「利子にもまた利子がつくこと」です。複利型の定期預金を扱う金融機関もみられます。期間1年・6ヵ月複利の定期預金100万円で考えると、利息は以下のと

おりです。

・半年目利息＝１００万円×半年間日数×金利÷年３６５日

・１年目利息＝（１００万円＋半年目利息）×半年間日数×金利÷年３６５日

●積数と利息計算の例

5,000,000 × 14 日（11/1 ～ 11/14）＝ 70,000,000 円

5,001,100 × 7 日（11/15 ～ 11/21）＝ 35,007,700 円

＋）4,500,600 × 7 日（11/22 ～ 11/28）＝ 31,504,200 円

[積数] 136,511,900 円

136,511,900 円×金利年 0.001％÷年 365 日

＝利息 3.740 円→３円（円未満切捨て）

▼こう説明してみよう

先輩 利息計算時の積数とは何ですか
積数はいわゆる累計額よ 普通預金の利息計算時に 積数が利用されるの
利息は入出金の積数に利率をかけて算出されるというわけ
なるほど

19

先輩！教えてください

貸金庫はだれに勧めてもかまいませんか？

貸金庫の利用には契約を履行できる当事者能力が必要です。このため、未成年者や成年被後見人など行為能力を有さない方を紹介・勧奨の対象とすることはふさわしくないといえます。

また、金融庁から預金取扱金融機関に向けた疑わしい取引の参考事例には、「保護預り・貸金庫に着目した事例」が挙げられています。この背景には、犯罪などに貸金庫が利用される実状がみられるからです。このため、いわゆる一見のお客様に対する紹介・勧奨については、慎重にならざるを得ません。

このため、貸金庫取引は「営業店長による承認」を条件としている金融機関も多く、協同組織金融機関の中には「原則として（出資）会員に限る」としているところもあります。

容量や利用法などを案内してもらおう

よって、紹介・勧奨に先立って内部ルールを参照し、自行庫での利用対象者を確認します。勧奨を考えているお客様がいるならば、前もって役席者等に確認しておくことも有効です。

貸金庫の利用自体は、個人・法人の双方が可能であり、集合住宅の管理組合名義などの利用もみられます。よって、紹介・勧奨の対象先は、証書型の定期預金や預かり資産の複数保有先・貴金属の多数保有先・鍵や権利書の複数保有先・記録媒体の取扱先などから抽出します。

実物大の具体的な形態・容量・利用法を紹介しながら勧奨するとよいでしょう。

▼こう説明してみよう

先輩 お客様に貸金庫の利用を勧めたいのですがどんなお客様でもいいですか
未成年者や成年被後見人などはダメだし だれでもOKとはいえないわ
マネロン対策の観点でも一見のお客様に紹介するのは避けてね
わかりました

20

先輩！教えてください

「ATMで10万円引き出したはず」と言われました…

1969年のCD導入から半世紀が経過し、今やATMは日常生活に不可欠なインフラとして定着しました。この背景に、機器の安定稼働が利用者に幅広く支持され、社会全般から信頼を勝ち得たことがあります。

サービス水準の維持・向上のため、メーカーの技術者により、細かい誤作動1つひとつへの改善が図られてきました。様々な環境の下で、あらゆる状態の紙幣を出入れするテストを重ね、対策が講じられてきたのです。

したがって、通常の環境下のATMでの払戻時に、紙幣の種類や枚数が誤って提供され、利用者に過不足がもたらされることはありません。

複数人で言い分をヒアリングしてもらおう

「ATMで10万円を下ろしたが、家に帰って確認したら5万円しかない」と言うお客様にこうしたことを一方的に説明しても、心証を害するだけです。よって、まずは詳しく話を聴く名目で別室等へ誘導し、役席者等に同席を求めて複数で言い分を聴取します。

その後、苦情受付票等へ事態を記入し、速やかに支店長やコンプライアンス部門等と事実関係を共有します。

そのうえで、後日、対応方針に則って改めて状況を説明し、お客様に理解・納得を求めます。ＡＴＭには犯罪防止のためカメラが実装され、利用者が撮影されますが、不用意にこうした事実を明かさず、状況説明時等に必要に応じて解説します。

▼こう説明してみよう

先輩 お客様に「ATMで10万円を下ろしたが家に帰って確認したら5万円しかない」と言われたのですがどうしたらいいですか
お客様に詳しく話を聞くために応接室にお通ししましょう課長にも同席をお願いしてね
わかりました

21

先輩！教えてください

口座名義人の配偶者からの、電話での残高照会には答えてよいものでしょうか？

数多くのお客様から預金を受け入れ、それを原資にお客様に融資などを実行している金融機関には、絶対に誤りのない事務対応が求められます。取引に先立って、住所や電話番号などの提出を求めたり、厳格な本人確認を行ったりするのも、正確な事務対応のためです。

了解なしに応じることのないよう注意！

その一方で金融機関には、情報の取扱いに関する法令等の遵守が求められます。

個人情報は、「個人情報の保護に関する法律」の2条1項において「生存する個人に関する情報で、氏名や生年月日その他の記述等により特定の個人を識別できるもの」と規定され、金融機関を含む個人情報取扱事業者に対する第三者への個人情報の提供を制限しています。

「命の次に大事」といわれる金融財産に関する情報は、典型的な個人情報に該当します。このため、預金や融資などの残高や履歴はもちろん、口座や取引の有無さらには取引用の届出印などを第三者に不用意に公開できません。

また、金融機関には秘密保持義務（守秘義務）も生じます。

したがって、たとえ口座名義人の配偶者といえども、口座名義人本人の了解なしに行われた預金残高の照会には応じかねます。婚姻関係継続中でも財産を巡る争いが生じることもあり、いざこざは珍しくありません。たとえ顔見知りのお客様でもルールに沿って対応しましょう。

▼こう説明してみよう

先輩　奥様から「夫の預金の残高を教えてほしい」と電話で言われた場合答えることはできますか
いいえ――
預金残高は個人情報だし秘密保持義務もあることから本人の了解なしには応じられないわ
わかりました

22

先輩！教えてください

普通預金の解約の申し出を受けたらどうすれば…？

数ある取引のうち最も多くを占める普通預金ですから、一定の頻度で解約希望も寄せられます。だからこそ解約後にも好印象を与えるべく、「かしこまりました。今までのご利用、誠にありがとうございました」など、しっかりとお礼を伝えましょう。

その一方で、お客様の事情によっては取引継続の余地もあります。転居の際に僚店に口座を移管するために解約するケースが代表的です。インターネット支店を持つ金融機関も増えており、そうした対応範囲も広がっていることでしょう。

解約理由は掘り下げて聞き取ってもらおう

お客様から解約理由を述べられない場合には、「何かご不便などをおかけいたしましたか」など、無理のない範囲で理由を掘り下げるとよいでしょう。そのうえで、該当口座に公共料金の口座振替や給与・年金の振込指定等がないかどうかを確認し、ある場合には変更手続きを求めます。

解約用の払戻請求書には届出印を押捺してもらい、通帳・キャッシュカードとともに提出を求めます。解約利息は前回の利息決算日から解約処理の前日までが対象期間となります。事故届等が提出されていないかどうかを忘れずに確認します。

最終的に、現金とともに「解約」表示のゴム印押捺、または「ＰＡＩＤ」を打抜後の通帳を返却します。キャッシュカードは返却せず、ハサミなどで切断する処理が一般的です。

▼こう説明してみよう

先輩 普通預金の解約って結構多いですけどどう対応するのがベストなんですかね…
謝礼を述べて払戻請求書などを受け付けたうえで手続きするわけだけど解約希望の理由によっては…
取引継続の可能性も考えられるから理由を深堀りして必要に応じてネット支店などを案内してみるといいよ
なるほど！

Part 2

営業・接客に関する相談 編

悩み1

初対面のお客様だと緊張してうまく応対できない…

後輩がこんな悩みを抱えていたら…

初対面の人にはだれしも緊張するものです。なぜ人は緊張するのでしょうか。初対面の人に対する緊張は、大勢の人の前に立つときや、スポーツの試合前の張り詰めた緊張とは少し違います。実は初めて会う人への緊張は「人間の持つ本能によるもの」といわれているのです。人は、初めて会う人に対して「自分の身を守る」という警戒心が働きます。「この人は自分と敵対することはないだろうか」といった具合です。それはお客

様も同様です。そこで、初対面のお客様の応対をする際には、まずはこちらの緊張を抑えて快く迎え、お客様に警戒心をなくしてもらうことから始めましょう。

「好意・質問・共感」を示すだけで違う

コミュニケーションのポイントは、「好意・質問・共感」を示すことです。窓口担当者であれば、お客様が来店してくれた気持ちに寄り添い、「ようこそ、〇〇支店へ」といった気持ちを笑顔や態度で表現します。こちらが笑顔を向けることでお客様も安心し、自然な笑顔を見せてくれる――。そんなお互いのやりとりで緊張も自然にほぐれていくでしょう。挨拶や感謝の言葉は明るくハキハキと伝え、天気の話やお客様への褒め言葉で話しやすい雰囲気や好意を伝えるのも効果的です。

また、お客様の話に笑顔を絶やさずにうなずきや相槌を用いながら「共感」を示したり、お客様に質問を積極的に投げかけてみたりするのもお勧めです。緊張して説明がうまくできないときは、「緊張しておりまして、うまく説明できず申し訳ございません」とお客様に伝えることで、かえってその素直さが好印象につながるでしょう。

アドバイスのポイント

まずはこちらの緊張を抑えて快く迎え、お客様に警戒心をなくしてもらうことから始めるよう伝える

悩み2

お客様との雑談で どんなことを話せばよいか いつも困っている…

後輩がこんな悩みを抱えていたら…

お客様との雑談で「いつも天気の話になってしまう」「何を話したらよいのかわからない」という悩みを聞きます。雑談では「きどにたてかけし衣食住」――つまり季節、道楽（趣味）、ニュース、旅、天候、家族、健康、仕事、衣類、食物、住居を話題にするとよいといわれています。

初対面のお客様のように情報がない場合には「季節、ニュース、天候、衣類」の話が無難であり、不快にさせることもありません。しかし、面識のあるお客様や前任者から引継ぎを受けたお客様には、無難な話題だけでは不十分です。

褒め言葉も使うと話が深まる

前回面談した際に話題に出た情報を詳しく調べて話題にしたり、企業であればホームページや地域情報誌、信用調査会社等を用いて情報を集め話題にしたり、前任者からお

客様のことを聞いておき話題にしたりすると、お客様の心象にも良い影響を与えます。

また、褒め言葉も効果的です。お客様が身に着けているもののほか、訪問時には応接間に飾ってある絵画や、企業であれば社訓などを話題にして褒めましょう。ただ褒めるだけでなく、どこで購入したものかや、社訓を決めた背景なども聞いてみると、関心の高さをアピールでき、お客様のことを深く知ることができるでしょう。

ほかにも、自店の周囲や訪問途中で見かけたお店や風景など、あらゆるものに関心をもって話題にできるように努めましょう。

アドバイスのポイント

前回の面談で話題に出た情報を調べて話す・前任者から情報を聞き話すなどのヒントをあげよう

悩み3

お客様への気配りとしてどんなことをすればいいのかわからない…

後輩がこんな悩みを抱えていたら…

自分がお客様に行いたいのは「気配り」ですか。「気遣い」ですか。気配りと気遣いはよく混同されがちですが、実はまったく異なるものです。一般的に、気遣いは相手にも気を遣わせるため自己満足とも考えられ、気配りは相手に気を配っていることも気付かせない思いやり――などとされます。

まずは余裕を作れるようにしたい

気配り上手になるには、次のようなことが求められます。

①自分自身に余裕があることです。目の前の仕事に追われている状況で周囲に気配りをする余裕はそもそも持てません。

②周りをよく観察し状況を把握することです。周りを見て、どんなお客様がいるか、お客様は何をしようとしているか、気配りできることはあるか考えます。

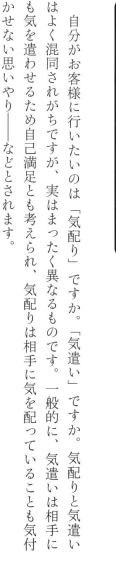

③お客様がしてほしいことを見極めることです。自分としては気配りをしたつもりでも、お客様が望んでいることでなかったら、かえってよく思われないこともあります。お客様の様子を見て、その気配りを本当に喜ぶか、どのタイミングで実行するといいのかを見極めることも重要です。

④自ら積極的に動くことです。気配り上手な人は、タイミングを逃しません。仕事ができる人は、テキパキ行動しつつ気配りにも長けています。

⑤普段から些細なことにも感謝を忘れないことです。些細なことにも感謝の気持ちのある人は上手に気配りができます。

アドバイスのポイント

周りを観察し、状況を把握したうえで「お客様がしてほしいこと」を見極めて動いてもらおう

悩み4

お客様を褒めるとわざとらしくなってしまう…

後輩がこんな悩みを抱えていたら…

お客様とのコミュニケーションを円滑にしようと、チャンスがあれば「褒める」ようにしている人は多いことでしょう。褒められて不快になる人は「いない」と思いたいのですが、実はいつでもそうとは限らないのです。

お客様から好印象や信頼を得るには、口先の褒め言葉に気をつけることです。褒め言葉に対して「そんなことないですよ」「いえいえ」と謙遜させてしまうと、お客様の心の中に見えない壁ができてしまうこともあるからです。

笑顔の返事をもらえそうな褒め方が○

お客様を謙遜させることなく褒めるには、自分の気持ちを素直に伝えるメッセージを使うことをお勧めします。「○○様の笑顔にいつも元気をいただいています」「○○様のお話を伺うと、私も頑張ろうという気持ちになります。ありがとうございます」「○○

●アンケートへのご協力をお願いします●

本書をお買い上げいただき、ありがとうございました。今後の企画の参考にさせていただきたく、以下のアンケートにご協力をお願いいたします。毎月５人の方に図書カード（1000円分）をお送りいたします。

(1) お買い上げいただきました本の書名

(2) 本書をどこで購入されましたか

□一般書店（書店名　　　　　　）□インターネット書店（書店名　　　　　　）
□勤務先からのあっせんで　□小社への直接注文
□その他（具体的に　　　　　　）

(3) 本書をどのようにしてお知りになりましたか

□書店で見て　□新聞広告を見て　□勤務先からの紹介　□知人の紹介
□雑誌・テレビで見て（ご覧になった媒体・番組名　　　　　　）
□インターネット・SNS で見て（サイト名等　　　　　　）
□ダイレクトメール　□その他（　　　　　　）

(4) 本書についての感想をお聞かせください

(5) 今後お読みになりたいテーマ・ジャンルをお教えください

ご協力ありがとうございました。

郵便はがき

料金受取人払郵便

中野北局
承認
929

差出有効期間
2022年10月
31日まで

165-8790

東京都中野区新井2－10－11
ヤシマ1804ビル4階

株式会社近代セールス社
ご愛読者係 行

ご住所	〒□□□-□□□□　□自宅 □勤務先（いずれかに☑印を） ☎（　　　）　　－				
お名前	（フリガナ）				
Eメールアドレス					
ご職業		会社名		年齢	歳

＊ご記入いただいた住所やEメールアドレスなどに、小社より新刊書籍などのご案内をお送りしてよろしいですか。不要の場合は下記に✓をしてください。
□送らないでほしい

※当社は、お客様より取得させていただいた個人情報を適切に管理し、お客様の同意を得ずに第三者に提供、開示等一切いたしません。

様の今日のネクタイ、私の好きなデザインです」等々です。

どの言葉も、お客様からは謙遜や否定的な言葉ではなく「ありがとう」「それは良かった」といった笑顔の返事をもらえそうではありませんか。

褒め方のポイントは、見た目を表面的にただ褒めるのではなく、お客様の考えや信条、センスなどの内面に対し、自分はどのように感じたのかを素直に言葉にすることです。もちろん簡単に言葉にできることではありませんが、お客様の素敵なところを発見したら積極的に言葉にしてみましょう。

アドバイスのポイント

お客様を謙遜させることなく褒めるために、自分の気持ちを素直に伝えてもらうようにしよう

悩み5

窓口が混んでくると イライラして 表情に出てしまう…

後輩がこんな悩みを抱えていたら…

窓口を担当していて、朝からお客様対応に追われ休む暇もないとき、今日中にやるべき仕事を考えると気持ちが焦ります。

中には、急ぎの仕事を抱えていなくても、窓口が混雑するだけで余裕がなくなりイライラしてしまう人もいるでしょう。

気持ちが焦ると、早口での対応や粗雑な物の受渡しになることなどがあり、クレームに結びついてしまうかもしれません。お客様にマイナスの印象を与えるだけでなく、お客様のニーズに気付けなくなる可能性もあります。

仕事を1人で抱えてしまうのはNG

皆さんは金融機関の顔として、笑顔で感じの良い接客が求められます。混雑時にイライラしないようにするには、業務終了前にやり残しの仕事はないか振り返り、明日の朝一番にやる仕事は何かを整理するなど、優先順位を明確にして仕事を進めることが重要です。

気をつけたいのは、1人で仕事を抱えこんでしまうことです。そこで、チームで協力し合える職場づくりが大切です。現状を周囲と共有し、お互いが協力し合える関係性を築きましょう。そのためには、自分から積極的に周囲をサポートする姿勢も必要です。周囲への働きかけが、後に自分の助けとなって返ってくるでしょう。

また、イライラしたときのストレス発散法を見つけるのも効果的です。仕事中なら深呼吸やストレッチ、好きな香りをハンカチに忍ばせて嗅ぐなどもよいでしょう。

アドバイスのポイント

混雑時にイライラしないよう、日々の業務で優先順位を明確にして仕事を進めてもらおう

悩み6

お客様との会話や声かけがいつも似てしまう…

後輩がこんな悩みを抱えていたら…

石井様はお子様が小学生でしたよね将来の教育資金の準備は始められていますか
まだですそろそろ準備をしようとは思っているんですが…
そうですよね 当行では教育資金のための商品なども揃えておりますのでご検討ください
わかりました
数カ月後
いらっしゃいませ石井様
石井様には前回教育資金の声かけをしたな教育資金ニーズはありそうだけど同じ声かけはよくないよな…

ここでは、お客様との会話がマンネリにならないようにする工夫を解説します。

お客様との対話でのあいづちについて、どのような言葉を使う傾向がありますか。筆者がお客様として担当者と会話をしている際に気になるのは、「そうですね」で返答されることが多いことです。例えば、お客様に「今朝は朝から寒いですね」と言われたときに「そうですね」と返す、「教育資金の準備は始めていますか」と提案し、お客様から「まだこれからです」と言われたときに「そうですよね」と返す――。こういったあいづちは、話が膨らまないためワンパターンに聞こえてしまいます。

共感や考えを添えるのが一案に

会話のテクニックとしては、「あいづち＋共感＋自分の考え（思い）」の順で言葉にすることをお勧めします。

例えば、お客様に「今朝は朝から寒いですね」と言われたときには、「そうですね」「朝から冷えていますね」「明日はもっと冷え込むらしいですから、体調には気をつけてください」というように言葉を添えると、自然に耳に言葉が入り、会話も弾みます。

ほかにも「教育資金の準備は始めていますか」と提案し、「まだこれからです」と言われたときには、「これからお考えということは、勇気を出してお声をかけさせていただきタイミングが良かったです」「今月から取扱いを始めた新商品を簡単にご紹介させていただいてもよろしいですか」というように、あいづちを復唱に変えて言葉をつなげてみましょう。きっとコミュニケーションやセールスの幅が広がるでしょう。

アドバイスのポイント

お客様と話をする際には、「あいづち＋共感＋自分の考え（思い）」の順で言葉にしてもらうと吉

悩み7

窓口でお客様に声かけするタイミングがわからない…

いつも課長に
お客様への声かけを
積極的にするように
言われているけど
うまくできないんだよな～
番号札10番のお客様
どうぞ
いらっしゃいませ
本日はどのような
ご用件でしょうか
記帳をお願いします
ササ
かしこまりました
お手続きをさせていただきます
おねがいします
ハイ
…ではロビーで
お待ちください
…はい

後輩がこんな悩みを抱えていたら…
(次ページで解説！)

窓口担当者は、「積極的にお客様に声かけをして、ニーズを引き出しましょう」と言われていると思います。では、窓口での声かけは、担当者の好きなタイミングで行えばよいのでしょうか。

例えば、お客様が身内から急病の知らせを受けて急ぎで向かう途中、銀行に寄ったところ「いらっしゃいませ。お客様、素敵なブラウスですね。今日はお出かけですか?」と声をかけられたらどうでしょう。お客様の状況と行員の行動がちぐはぐになっているため、そもそもまともな会話にはなりにくいでしょう。

来店時は事務的な対応でOK

窓口での会話にはタイミングがあります。まず、来店時にはお客様の状況がわかりませんので、無駄な話は避け、手短に用件を聞き受け付けるようにします。

声かけのタイミングは2回あります。1回目は依頼を正確に受け付けた後、2回目はお客様に通帳の記載など返却内容をしっかりと確認してもらった後です。いずれの場合も、声かけに気が向きミスを起こさないよう、内容確認の後に声かけをするようにします。

以下は声かけにあたってのポイントです。

・来店時

「いらっしゃいませ」+挨拶(「おはようございます」など)+感謝(「お足元の悪い中ご来店ありがとうございます」「いつもご来店いただきありがとうございます」など)」

・受付後
受付内容を確認し、後方に回した後などに声をかける。「お待ちいただいている間、よろしければあちらのドリンクサービスもご利用くださいませ」「○○のパンフレットをご覧くださいませ」
・通帳などの返却時
お客様が返却内容を確認した後に声をかける。「お客様、本日はこれからお出かけですか?」「当行の新サービスをご紹介させていただいてもよろしいですか?」

アドバイスのポイント

主な声かけのタイミングは「受付の後」と「通帳などの返却時」。まずはここから始めてもらう

悩み8

事務が忙しくて声かけがおろそかになってしまう…

後輩がこんな悩みを抱えていたら…

「来店のお客様にひと言セールス運動をしよう」が窓口係共通の目標になると、「窓口応対に不慣れで余裕がない」「お待たせしないように・ミスをしないようにと考えると他のことができない」という声が挙がりがちです。

仕事は「慣れる」ことがまず大切です。不慣れな業務に就いているときは、「焦るとミスをしやすい」という自分の性格に向かい合い、無理のない仕事ぶりを心がけましょう。また、係共通の目標があっても、無理をしてミスを招く・お客様に迷惑をかけることは避けたいものです。状況に合わせて柔軟に対応し、まずは「慣れる」ように経験値を増やしましょう。

対応の基本に立ち返ることを助言してみる

お客様から声をかけてもらえることもあります。そうした案内のチャンスはモノにしましょう。その際は、すべて1人で対応しようと抱えるのではなく、上司や先輩、後方の担当者との連携も考えましょう。話の内容によってはローカウンター等に案内することでお客様に安心してもらえます。

お客様からも声をかけてもらえるようにする意味でも、対応の基本に立ち返ることが肝要です。どんなに忙しくても笑顔で感じ良く応対し、ミスのない誠実な対応を心がけることです。

声かけの回数や有無だけが成果に比例するわけではありません。焦らずに取り組んでみましょう。

アドバイスのポイント

まずは仕事に慣れることを意識。案内の機会が来たら、周りと連携しチャンスをモノにしてもらおう

悩み9

お客様に迷惑がられるのが怖くてセールスを躊躇してしまう…

後輩がこんな悩みを抱えていたら…

お客様との面談にあたり最初に行うべきは、頭から「セールス」という言葉を捨てることです。皆さんの業務は、お客様が必要としないものを押売りすることではありません。「販売」という概念を捨てても構いません。

雑談は迷惑なものではないと捉えてもらおう

皆さんの業務は、担当しているお客様がすでに認識している自身の問題や、問題はあるが自身はまだ認識していない点——を解決に導くことです。悩みや問題を解決してもらえる・あるいは必要としているものやサービスを提供してもらえる相手を、迷惑だと感じる人はいません。この感覚をリアルに感じられるマインドセットが重要です。

お客様の悩みや問題を解決するには、その悩みや問題を「知る」ことが最初のステップです。しかし、それらは外から見てもわかりません。まして、お客様自身が意識して

いなければなおさらです。

一方で「こんにちは。あなたの悩みはなんですか」と聞かれて答える人はいません。お客様とは関係を構築する必要があるのです。そのためには、お客様に「共感」することが出発点となります。

入口は雑談です。雑談でお客様自身について話してもらいましょう。これはお客様にとって迷惑なことではありません。その話の中に悩みの欠片が入っています。欠片を見つけて、共感しながら拾い出し、悩みを聞き、解決策＝商品を提案していくのが仕事です。

アドバイスのポイント

担当者の仕事は「販売」ではなく、「悩みや問題を解決する手段の提供」と考えて取り組んでもらおう

悩み10

積極的にセールスをしても
なかなか話を聞いてもらえない…

後輩がこんな悩みを抱えていたら…

お客様との関係構築ができており、お客様が抱えている問題や悩みが確認できていれば、その悩みを解決するための提案をするステージとなります。それにも関わらず、いざお客様と向き合って話を始めると話を聞いてもらえないことはあるでしょう。

こうしたケースに陥りやすいのは、場が温まっていない状態で、唐突に提案したときです。お笑いなどで、芸人がいきなり持ちネタのギャグを言っても笑いが取れないのと一緒です。プロの芸人はネタに入る前に、ちゃんと場を温めています。

皆さんは、「こんにちは。今日は最近人気のある商品をお持ちしましたので、ぜひご検討ください！」というように、面談を始めていないでしょうか。お客様が提案を聞く態勢にならなければ、いくら良い提案をしても独り言と一緒です。

訪問前から展開を想定しておくよう指導

まずは、雑談で会話しやすい雰囲気を作り、徐々に本題の提案に入るようにしましょう。お客様の口から、提案につながる悩みごとを引き出せればスムーズに話は展開します。そのためには、雑談の段階から、ある程度展開を想定した話（ブリッジトーク）をすることが大切です。とはいえお客様との面談時に、話の展開を考えて実行するのは至難の業です。訪問する前に雑談の内容や、本題への流れを考えて臨みます。

例えば、設備投資の提案であれば「大統領選→米国経済→米国金融緩和→国内金利→資金調達環境→お客様の資金調達→設備投資の提案」などと展開します。こうした流れの中で、スムーズに本題に入ることで、しっかりと話を聞いてもらうことができます。

アドバイスのポイント

雑談で会話しやすい雰囲気を作り本題に入る。ブリッジトークを覚えさせるのも○

悩み11

本当にお客様に合った提案ができているのか不安だ…

後輩がこんな悩みを抱えていたら…

お客様との面談の際、しっかりと事前準備をして提案をしているのにも関わらず、反応が薄い…これほど辛いことはありません。お客様が関心なさそうな顔をしていたり、途中で話を逸らしたりというときには、一度立ち止まってみることも必要です。

こうしたケースでは、お客様が求めているもの、悩んでいること、解決したい課題と、皆さんの提案している内容にズレが生じている可能性が高いのではないでしょうか。それは言い換えれば、お客様が興味のない話をしているということです。

例えば、「車が欲しい」というニーズまでは合致していても、実際に「欲しい車はトラック」の場合、オープンカーの話をしてもお客様は乗ってきません。オープンカーでは大量の荷物を運びたいという、お客様のニーズが満たせないからです。

ニーズに合っていても、提案がズレていることも

不安なときは、いま提案している内容は、お客様の言葉を踏まえた提案なのか振り返ってみましょう。話を聞いて提案したつもりが、いつの間にか、皆さんがしたい提案をしているということもあります。お客様の口からニーズや悩みを聞き、それを踏まえて提案することが大切です。

悩みをしっかりと聞いて、お客様のニーズをしっかりと把握していても、解決策としての提案がズレていることもあります。あるいは、解決策は正しいものの、話が難しくてお客様が理解できていないということもあり得ます。お客様の反応を見ながら、おかしいと感じたときは、提案に至るまでのプロセスを振り返ってみましょう。

アドバイスのポイント

お客様の言葉を踏まえて提案できているか確認。提案までのプロセスを振り返らせてみよう

悩み12

お客様と話す際に
つい自分ばかり
話してしまう…

後輩がこんな悩みを抱えていたら…

コミュニケーションが得意なのは大切ですが、話が盛り上がりすぎてしまったり、沈黙を避けるため気を遣ったりして、一方的に話してしまうという人もいるでしょう。

話題が豊富なことは、コミュニケーション上は決して悪いことではなく、有利に働きます。しかし、営業となると話は別です。営業は話を聞くのが仕事であって、話すのが仕事ではありません。

質問をきっかけに雑談を始めてもらう

一般的に優秀な営業担当者の場合、全体のコミュニケーションに際してお客様が8割、担当者が2割話すのが理想といわれます。多くのお客様は、自身の話したいことを話すのが好きで、逆に聞くのは嫌いです。愚痴は言うけど、人の愚痴を聞くのは嫌というのと同じです。仕事では原則、提案以外で自分が話すのをやめましょう。

そうはいっても、沈黙するわけにはいかないので、お客様に話してもらうようにする必要があります。そのためには、雑談につながりやすい質問をしましょう。質問からお客様に雑談してもらい、その中で褒められるポイントや、さらなる質問につながるポイント、お客様との共通項などを見つけ次の会話につなげます。皆さんは、呼び水として話を振るだけです。

提案中は、営業側が中心となって話を進めますが、途中で都度、意見を聞いたり、質問したりして、一方的な圧迫セールスにならないように注意しましょう。

アドバイスのポイント

原則、提案以外では自分が話さないようにし、雑談につながる質問を投げかけてもらうとよい

悩み13

営業の仕事を担当することになり不安だ…

後輩がこんな悩みを抱えていたら…

初めての営業は不安ばかりなのではないでしょうか。右も左もわからないので、何をすればよいか、どうすれば営業がうまくいくのか、考え始めるときりがありません。泳いだことのない人が初めて泳ぐときは、水に浮かべるか溺れないかと心配で仕方ないでしょう。しかし、泳げる人は事前に心配したところで、実際泳ぐことに何のプラスにもならないことを知っています。これは営業も同様です。

「お客様のことを知る」がゴールと捉えてもらう

営業を始めたばかりの段階では最低限、お客様と笑顔で話すことができれば大丈夫です。場合によっては笑顔でなくても、話すことさえできれば問題ありません。

さらに、やること・やり方がわかれば不安はなくなります。訪問先の見つけ方、面談までの流れ、面談時にやるべきこと、そのやり方等は上司や先輩が教えてくれます。皆さんは教わったことを忠実に再現すればいいだけです。

究極的には、皆さんはお客様のことを知ることができれば、まずは合格です。雑談して、質問して、お客様のプロファイリングが進めば、金融機関の営業として業務をこなしているといえます。

経験が浅いうちは、事前にヒアリングしておきたいことを、メモしておくことが大切です。業務に通じる、聞くべきことは沢山あります。そうした情報を集められれば、提案にもつながっていくことでしょう。

アドバイスのポイント

最初はお客様と笑顔で話すことができればOK。教わったことを再現しつつ慣れてもらおう

悩み14

いろいろ提案しても いつも「考えておく」と言われてしまう…

——ではお客様 こちらのAファンドと Bファンドは いかがでしょうか
いずれも お客様が成長に期待を お持ちの新興国の債券が 組み入れられていますよ
うん いいねえ
15分後
…お客様 いかがでしょうか？ お決まりになりましたか？
う〜ん… 決められない！
考えておくよ！
2日後
お客様 では本日ご案内した 3つのファンドの組合せを 積立で運用されるということで よろしいでしょうか
そうね〜
いいんだけど… やっぱりどうしようかしら？
…と言いますと？

一応 うちの人にも
相談してから決めようかとか
いろいろ…
いずれにしても
考えておきますね
か
かしこまりました…
提案中は
乗り気になってもらえるのに
どうしていつも最後は
「考えておく」
になっちゃうのかな～!?

後輩がこんな悩みを抱えていたら…
（次ページで解説！）

お客様に提案した後は、お客様自身が提案内容を実行するかどうかを決断するフェーズに入ります。「ではお願いします」となればよいのですが、「考えておく」「検討します」と言われてしまうことも多々あるでしょう。

クロージングできないと悩む人もいると思いますが、「今回は結構です」などとはっきりとした断りではなく、「考えておく」「検討します」といった返事自体は、悪いことではありません。

こうした返事が返ってきた場合は、断るつもりなのかそれ以外なのかを見極めることが重要です。断るつもりでなければ、次の面談以降でクロージングできる可能性が十分にあります。

反応のトーンから見極めることもできる

本当に検討するのかしないのかは、「考えておく」のトーンでわかります。話を切り上げるようなトーンであれば断るつもりの可能性が高いでしょう。反対に、今は即断できない、ちょっと時間がほしいというトーンであれば可能性はあるといえます。この場合は、強く決断を迫らず、提案の後味を悪くしないことが大切です。

なお、即断できない理由として提案そのものに対して疑問があるというケースも考えられます。お客様に疑問に思っている様子が見られるのであれば、提案内容から練り直す必要があります。

一方で、断るか・断らないかのボーダーラインの場合、提案後の印象で結果が変わることもあります。お客様に「話を聞いてあげよう」「役に立つ提案だろうからよく考えよう」と思ってもらえるかどうかには、終わったときの対応も関わってくるのです。

お客様の意見を否定せず、笑顔で明るく爽やかに提案を終了することが大切です。そうすることで、「あなたにとって、とても有意義な提案をしている」という雰囲気が伝わります。こうした対応を行ったうえで、次回の面談の約束や宿題等をもらうことができれば合格といえるでしょう。

アドバイスのポイント

判断に迷っている様子なら、お客様の意見を否定せず、明るく爽やかに提案を終わらせるのも一案

悩み15

電話だと面前と違い 話し方がたどたどしくなってしまう…

後輩がこんな悩みを抱えていたら…

そもそも、お客様との電話のやりとりは難しいものです。人は、目から入る情報に多くを頼っていて、その情報がすべて寸断された状況ではやりとりがしにくいでしょう。

電話はお客様の仕草や雰囲気、目つきなど、気持ちや考えを把握するための情報の多くがシャットアウトされている状態です。これは、お客様側にとっても同じことです。

電話口でのちょっとした間やふとした言葉のトーン、言葉遣いから、お客様は想像をふくらませ、それは往々にして「ビジネスにとって悪い方向の想像」になります。
また、電話は断りやすいので、お客様が話を聞く前から「断りモード」になっているケースも多々あります。その場合、「そもそも話を聞いておらず、断るタイミングばかり考えている」ということもあります。こうしたことから、電話での提案や交渉は極めて難易度が高いといえます。

アポイントの取得でも手短にするのが基本

電話をかけるのは「断りにくい用件」や「断る必要がない用件」に絞るのがベストです。面談の約束を取り付ける・事務上必要な質問をするなどに留め、アポイントを取得する際も多くを話さないのが基本です。多く話すと「それならアポも結構です」と返されかねません。

用件を話すだけのときも、良い印象を与えられるよう細心の注意を払いましょう。努めてゆっくり話し、いつもよりトーンを高めに、簡潔に話すことが肝要です。電話セールスの上手な先輩に横で聞いてもらい、アドバイスをもらうのが効果的でしょう。

アドバイスのポイント

電話はそもそも感情や考えを伝えにくいものであると説明。簡潔な用件に留めてもらおう

Part 3

後輩指導の
こんなときどうする 編

① 仕事のことについて聞かれたが忙しくて答えている時間がない…

人事異動や人員削減により営業店に人手不足感がある中、マンガのケースのように、後輩から仕事のことを聞かれたけれど忙しくて答える時間がないという経験をお持ちの方も少なくないと思います。

ポイントは「いつ回答するのか」を明確に示すことです。後輩は慣れない仕事で毎日不安を抱えています。いつ教えてもらえるかがわかればその不安も取り除かれます。マンガのようなケースが続くと、「いつになったら教えてくれるのか」と後輩に思われてしまい、信頼を失います。後輩への指導も予定に織り込むという意識を持てば、日常業務の中で対応できるのではないでしょうか。普段から「忙しい」と口にする人は1日の業務計画に無駄がないか見直してください。

質問内容に応じて、回答のタイミングを判断しよう

いつ回答するかは、後輩が聞いてくる質問の内容を踏まえて決めることが大切です。例えば、「定期預金のオペレーションがわからない」といった簡単な内容であれば、忙しくてもすぐに答えてあげてください。仕事における障害を取り除いてあげれば、後輩も仕事をスムーズに進めることができます。

「そのくらいのことは自分で調べて」と後輩を突き放すことは避けましょう。事務手続きは煩雑かつ多岐にわたるので、調べさせるとかえって時間がかかります。その場で手続きを教えてあげたほうが習得速度が速いと思います。

一方で「この会社に融資の提案を行おうと思うのですが、どういった条件で提案すればよいかわかりません」など説明に時間がかかるものについては、その場で回答するのではなく、営業開始前や営業終了後に10分程度の時間を確保したり、定期的に勉強会を開催したりすることも有効です。質問内容に応じて、すぐに回答すべきか、時間を作って説明すべきかを判断してください。

後輩が質問をするのは、仕事ができるようになりたいという想いの表れでもあります。忙しい中でも後輩の指導についてしっかりとした意識を持つことが大切です。

② 自身のよく知らない業務について質問をされても答えられない…

この書類の書き方を教えていただけませんか 今日中に課長に提出しなければならないので…
わかったわ 書類を見せて
とはいっても この業務については 私も詳しいことは わからないのよね すぐに調べないと…
カッコ悪いところは みせられない マニュアルがどこかに あるはずだけど… 棚の中かしら それとも 行内LAN かしら… わからないわ

これを読んでいる多くの方は、入社して2～3年だと思います。これまで経験した業務も多くなく、わからないこともたくさんあるでしょう。マンガのケースのように、後輩から知らないことを聞かれて困ってしまうこともあるのではないでしょうか。

自身が詳しく知らないことを質問されたとき、当たり前のことですが、できることは「自身で調べる」か「ほかの人に聞く」以外にありません。これは、皆さんに限ったことではなく、皆さんの先輩や上司も同じです。

一番良くないことは、知らないからといって後輩からの質問をうやむやにして時間が過ぎていくことです。特に、来店したお客様を待たせていたり、書類の提出が迫っていたりする場合はスピーディな対応が求められます。大事なのは、知らないことがわかるまでの所要時間を短縮させることです。

情報がどこにあるか把握しておけると安心！

では、所要時間を短縮するにはどうすればよいでしょうか。自身で調べるにあたっては、必要な情報がどこにあるかあらかじめ把握しておくことが必要です。例えば、事務手続きのマニュアルが紙ベースなのか電子化されているか、紙ベースならどの棚に保管されているか、電子化されているならどのフォルダに入っているかなどを調べておくのです。自身の机を整理整頓しておくことも必要です。必要な情報を日ごろからファイリングし、インデックスをつけて探しやすくしておけば、確認のための時間を効率化することができます。

一方で、ほかの人に聞くにあたっては、普段から同期や先輩、本部の担当者と積極的にコミュニケーションをとり、だれが事務手続きに詳しいかなどを把握しておくことが大切です。

これらの対応を実践して後輩への指導を行うことができれば、店頭でのお客様の待ち時間を短縮させることが可能となり、顧客満足度の向上につながります。また、後輩が仕事を早く終わらせることで友人や家族との余暇の時間が増えれば、従業員満足度の向上にもつながります。結果として、好循環が生まれるのです。

③ 仕事のことで困っている後輩にアドバイスすべきか悩んでいる…

う〜ん…
課長から頼まれた書類だけど
どのようにまとめれば
納得してもらえるかしら…
書類の書き方のことで
ずいぶん悩んでいるみたい
教えてあげないと
でも
すぐに教えてあげたら
甘やかすことにつながるかも
どっちのほうがいいのかしら…

皆さんは、上司から仕事の指示を受けたものの進め方がわからず困っている後輩を見かけたことがありませんか。こうした点に気づく方は周りがよく見えています。他人の仕事まで気にかける余裕のない人が多い中で、後輩の様子に気づくことはとても大切です。

ただ、マンガのケースのようにすぐに声をかけるべきか悩む方もいると思います。困っている後輩をサポートしたいと思う反面、自分の力で解決してほしいという思いもあり葛藤するのです。確かに、後輩がお客様応対で困っているときなどすぐに対応法を教えてあげるべきケースもあるでしょう。しかし後輩指導の観点からすると、「あえて声をかけない」ことも必要です。すぐに教えると後輩は自分で考える習慣がつきません。一生懸命考えてそれでもわからないときに助言をもらったほうが、記憶が定着しやすいと思います。

考える力を養う指導方法が理想的

基本的に社内ルールや事務手続きは原則に基づいて作られていますので、こうした原則を押さえれば応用も利きます。原則がわかっていれば異例ケースへの対応を1つひとつ覚える必要がないことも多いのです。

原則を理解しないと、伝票や手続きが改定されたときなどに対応するのが難しくなります。すべての事務手続きを経験する人はいないでしょうから、後輩指導では「覚えさせる」のではなく「理解させる」ことを意識するとよいでしょう。

原則を理解している人とそうでない人の差は、経験したことのない仕事をするときに明確に表れます。「経験がないのでわかりません」という人と「経験はありませんが理屈はわかるので、少し調べればできそうです」という人の差は大きいのです。

いずれはマニュアルなどを調べても答えのない仕事に直面することも増えますし、そもそも今の仕事のやり方が1年後も通用するかどうかはわかりません。様々な事態に対応できるようにするためにも、後輩が自分で考える力を養えるような指導をしてほしいと思います。

④ 後輩に仕事の進め方を説明したがなかなか理解してもらえない…

仕事の進め方について丁寧に説明したのに、なかなか理解してもらえない――後輩指導の際、皆さんも経験したことがあるかもしれません。いったい何が原因なのでしょうか。もちろん、仕事への意欲がなく話を聞いていない、そもそも勉強不足であるなど後輩に原因があるケースも考えられますが、根本的な原因はコミュニケーション不足だと思います。

行職員の能力は十人十色ですから、相手に合わせた教え方を実践しないと伝わりません。皆さんの中には「私は先輩からこのように説明してもらったから理解できた。だから、同じような説明を行えば後輩も理解できるはずだ」と考えている方もいるかもしれませんが、これは教える側の一方的な思い込みにすぎないのです。マンガのケースも同様です。先輩は、自身が以前受けたアドバイスをそのまま後輩にも伝えていますが、後輩はお客様の関心事をどうすれば把握できるのかわからず戸惑っています。

営業店での指導は集合研修とは違いＯＪＴですので、相手のことを理解し学校の先生ではなく家庭教師のような1対1の指導方法をイメージするとよいでしょう。

得意・不得意分野を把握できると説明も変えられる

では、相手のことを理解するにはどのような方法があるでしょうか。

営業店に新入行職員が配属されたとき、歓迎会が開催されることも多いと思います。筆者の場合、こうした歓迎会でゆっくり話をして、得意なことや苦手なことなどを把握したうえで、どのような教え方がよいか考えながら指導しています。

仕事の場面でも、コミュニケーションが大事なのは同じです。リスク商品の販売で適合性の原則というルールがありますが、投資経験が豊富な人とそうではない人に対して同じような説明は行わないと思います。高齢者や投資初心者の方にはわかりやすい言葉に置き換えて説明しているでしょう。

仕事も後輩指導も「相手のことを知り、相手に合わせた説明を行う」ことが大事なのではないでしょうか。

⑤ 以前教えた仕事の内容について後日再び質問してくる…

後輩に仕事の進め方を教えたものの、後日また同じことを聞いてくる――皆さんの中にもマンガのような経験をされた方がいるかと思います。このような後輩がいると業務を円滑に遂行できませんので、対処しなければなりません。その際、なぜ同じことを聞くか考えることが必要です。ここでは2つのパターンをみていきましょう。

①仕事へのモチベーションが低い

この場合、なぜモチベーションが低いのか知る努力をしてください。家庭内でのトラブルや職場の人間関係等で悩みを抱えているケースも少なくありません。

社会人になると、学生時代と違い相談できる人が身近にいないことも多いでしょう。

この場合、皆さんが後輩の悩みを聞いてあげましょう。無理に解決してあげようと考える必要はありません。悩みを整理したり、共感してあげたりするだけでも、後輩は前向きになれるものです。

後輩指導には粘り強さも必要！

②能力が足りない

記憶力や理解力が低い後輩に対しては、手続きの方法をノートにまとめるよう促します。ノートの重要性はわかっているものの書き込む時間がないなどの理由で活用していない人も少なくありません。こうした後輩には、例えばマニュアルをプリントアウトしてノートに貼り、重要箇所は色ペンでなぞるよう助言しましょう。ノートにまとめる時間を短縮することができます。

ノートを見ながらでも仕事ができるようになれば一歩前進です。後は反復して記憶を定着させれば、いずれはノートを見なくても仕事ができるようになると思います。

仕事を覚えるのが遅い相手に教えるぐらいなら自分でやったほうがよいと考える方もいるかもしれません。ですが、後輩指導には粘り強さも求められます。新人のときに根気よく仕事を教えてくれた先輩のことを思い出してください。こうした先輩は今でも困ったときに助けてくれると思います。皆さんも後輩と良好な関係を築くことができれば、営業店で強い組織を構築できると思います。

⑥ 教えた仕事の内容について理解したかどうか意思表示がない…

先輩 この書類なんですけど どこをチェックすれば よいのですか？
お客様が記載した内容と モニターに入力されている 情報が一致しているか確認するの
もし一致していなければ お客様に確認する必要があるわ
はあ…
私が説明した内容を 理解しているのかしら… 何も言ってくれないから よくわからないわ…

皆さんの中には、マンガのように後輩に仕事を教えたにもかかわらず後輩の反応が薄いといった経験をした方もいると思います。この場合、説明した内容を理解したかどうか、理解していないのであれば何を理解していないかなど後輩の意思がわかりません。こうしたケースには注意が必要です。

では、なぜ後輩の反応が薄いのか考えてみましょう。

主な原因は２つあります。１つは、先輩である皆さんに原因があるケースです。忙しい中で無理に指導しているような態度を見せれば後輩は話しかけることに躊躇してしまうでしょう。また皆さんの説明がわかりにくい場合、後輩は内容を理解できなくても再度聞くのに抵抗を感じてしまうと思います。

もう1つは、後輩に原因があるケースです。人と話すことが苦手である、勉強不足で基礎知識が乏しいなどが考えられます。

後輩の資質や能力を向上させることは時間もかかり難しいですが、皆さんの態度や説明の仕方はすぐ変えることができます。説明したことを後輩は理解できているか、後輩の仕事は順調に進んでいるか気にかけるようにしましょう。

気になる点があれば、「順調に進んでいる?」「何か困っていることやわからないことはない?」などと声をかけ、進捗状況をフォローしてあげることが大事です。こうしたフォローを行わないで時間が経った後に、「何でまだできていないの?」と怒ってしまうと後輩を萎縮させてしまいます。

周りに関心を持つのは、マネジメントの第一歩

皆さんの中には、自分のことで手一杯という方も多いと思いますが、周りで起きていることに当事者意識を持つことはとても大切です。「後輩が成長しなくても関係ない」と自分のことしか考えない人にはならないでください。

皆さんが今後部下を持つような役職になったり、営業店全体を任されたりしたとき、自分のことしか考えてこなかった人にマネジメントはできません。仕事に慣れて少し余裕がある方は、周りのことにも関心を持ってみてはいかがでしょうか。

⑦ 仕事の内容について教えたら「違うのではないか」と反論された…

皆さんは、後輩に仕事の進め方を指導する際、マンガのケースのように反論された経験はありませんか。こうした後輩にはうまく対応しないとコミュニケーションがとりにくくなり、仕事にも影響が出る場合があります。

こうした後輩への対応のポイントは次の２つです。

①感情的なやりとりをしない

後輩から反論されたとき、「自分は先輩にそんな態度はとらなかったのに…」と戸惑う方も少なくないでしょう。「先輩に反論するなんてとんでもない」と不快に感じる方もいるかもしれません。こんなとき、強い口調で諭したり叱ったりすることは控えましょう。人から指示されたり叱られたりすることに慣れていない後輩であればなおさらです。後輩は社会人になって間もないということを忘れないでください。

すぐに正解を言わず、後輩との対話を意識する

②一方的に否定せず理由を聞く

指導を行う先輩が間違えている場合もありますが、後輩の思い込みや理解不足で誤った判断をしていることも多いでしょう。まずは、何が正しい情報か把握してください。もし後輩が間違っていたとしても、一方的に否定するのではなく、後輩が違うと考えた理由を聞くことが重要です。

最初から正解を言うのではなく対話を意識しましょう。対話を繰り返すうちにコミュニケーションがとりやすくなりますし、後輩の考えがわかることで何が苦手か、どの分野の知識が足りないか把握でき、効果的な指導方法を考えることができます。

自分の仕事が忙しいと後輩への対応がおろそかになりがちですが、しっかりと対話することが大事ではないでしょうか。後輩も社会人としての経験を積んでいくうちに、先輩や上司への話し方や組織での行動の仕方を学んでいきます。それに、自分の考えを先輩や上司に伝えられるということは、見方を変えれば評価するポイントでもあります。見切りをつけず長い目でみてあげたいものです。

後輩がうまくコミュニケーションがとれず営業店で孤立することのないように、皆さんがフォローしてあげましょう。

⑧ 接客方法を助言したら「課長のアドバイスと違う」と言われた…

さっきお子様を連れたお客様が来店していたけどお子様のことに触れたほうが印象が良くなったと思うわ
お子様のことよりカバンや指輪などの持ち物について話題を振ったほうが会話が弾むって課長がおっしゃっていました
そっ そうなの？
課長がそんなことを言っていたなんて… 私のアドバイスは間違っているのかしら…
いらっしゃいませ

今回は、お客様応対の方法について後輩にアドバイスしたところ、後輩から「課長のアドバイスと内容が違っている」と言われたケースです。

業務経験が豊富な上司とアドバイスの内容が異なっていると、「自分は間違ったことを言っているのではないか」と思って不安になりがちです。ですが、特に気にする必要はありません。皆さんのアドバイスが必ずしも間違いではないからです。

例を挙げて説明しましょう。後輩が、資産運用の相談で来店したお客様への提案内容について悩んでいるとします。そんな後輩に対して上司は、お客様は外貨建ての資産の割合が少ないので外貨建て商品を提案するよう勧めました。

一方で皆さんは、そのお客様は値動きの大きい商品が好きではないことを知っているため、外貨建て商品に比べ値動きの小さい商品を提案するよう助言したとします。この場合、上司のアドバイスが必ずしも正しいとはいえないでしょう。

さまざまな考え方を吸収することなどをアドバイス

お客様応対や商品提案などの方法には、明解な答えがあるわけではありません。これまでの経験や知識、限られた情報を基に適切な判断を行う必要があります。ですから、1人ひとり異なっていて当たり前なのです。

マンガのような発言をしている後輩の場合、このことを理解しておらず、物事には答えが1つしかないものと誤解している可能性があります。もしかすると、課長のアドバイスだけが正しくて、先輩のアドバイスは間違っていると考えているかもしれません。

こうした後輩に対しては、先輩や上司を問わず、さまざまな考え方や仕事の進め方を素直に吸収し、その中から自身にとって最も良いものは何か考えるようアドバイスしましょう。誤解を解いてあげることが、後輩を成長に導く近道だと思います。

後輩がマンガのような発言をしてしまうと、周りから「せっかく教えてあげたのに何だ」と思われ、組織内で孤立する要因になりかねませんので、先輩としてフォローしましょう。

⑨ 相手によって指導方法を変えたほうがよいか悩んでいる…

同じ金融機関に勤務していても、性格や仕事の覚え方は人それぞれ異なります。ですが、いざ後輩を指導するとなると、人によって変えるべきか、だれに対しても同じように指導すべきか――指導経験の浅い方は悩むかもしれません。マンガのように「後輩から『あの人にばかり丁寧に教えて不公平だ』と思われないか」と心配になる方もいると思います。

結論からいえば、相手に合わせて指導の方法は変えるべきです。不安に思う必要もありません。中には不満に思う後輩もいるかもしれませんが、後になって自分のためにアドバイスしてくれたと理解してくれるはずです。

同じような教え方でよければ集合研修だけで問題ないはずです。しかしながら、集合研修だけでは業務内容を網羅できないので、営業店での指導が期待されているのです。中でも、後輩と接する機会が多く歳も近い先輩が重要な役割を担っています。

自分なりの仮説を立てたうえで指導するのが重要

人材育成が重要なことを認識している企業でも指導方法が確立されているケースは少ないでしょう。そもそも、皆さんは学校や塾の先生のように教えるプロではありません。ですから、大事なことは相手をよく観察し会話を重ねる中で自分なりの仮説を立てたうえで指導することです。「この人は慎重な性格だから、細かいことまで教えてあげないと1人では仕事を進められないだろう」「この人は理解が早いから、大まかな内容を教えてあげれば自分で仕事を進められそうだ」などと考えながら指導してみましょう。その際、うまくいった指導とうまくいかなかった指導を必ず振り返ってください。

慣れないうちはうまく仮説を立てることができないかもしれませんが、何度も経験したり、多くの後輩と接したりすることで仮説の精度は自然と上がっていきます。

この考え方は、仮説検証型といって問題を解決する際の思考法としても優れています。これは他の業務にも応用できますので、後輩指導を通じてレベルアップを目指すとよいでしょう。

⑩ 後輩を指導する際 セクハラと思われる発言が怖い…

最近は、金融機関でも女性の活躍が目立っています。以前であれば男性が多かった事業性融資などの業務も女性が担当することが増えています。こうしたことを踏まえ、後輩を指導するケースもあるでしょう。

金融機関は他の業種以上に社会からのコンプライアンス遵守の要請が強く、皆さんも研修などでパワーハラスメント（パワハラ）やセクシャルハラスメント（セクハラ）といった言葉を聞いたことがあると思います。

ただ、どんな言動が相手に不快感を与えるかはあまり明示されていません。人によって捉え方が異なり、同じ発言をしたとしても不快に感じる人とそうでない人がいるものです。

マンガのケースでも、先輩行員が後輩に正確な作業を行うよう注意しようとしていますが、セクハラと言われるのではないかと気にして躊躇しています。どんな発言がセクハラになるか線引が難しいからこそ悩むのです。

相手の反応を見ながら丁寧に接するとよい

後輩に指導する際、発言内容に注意を払うことが大事です。「女性だから」「男性だから」といった発言はセクハラになる可能性も高く、控えなければなりません。

また「私は先輩から厳しい指導を受けたから成長できた。だから、私も同じ方法で後輩を指導する」といった考えでは、指導時の言葉遣いも厳しくなりがちで、場合によってはパワハラと捉えられる可能性があります。パワハラについては、性別を問わず起こり得るので注意が必要です。

相手は機械ではなく感情を持つ人間です。指導にあたっては、お客様への応対と一緒で、しっかりとコミュニケーションをとり、視線の動きや眉間にしわが寄っていないかなど相手の反応を見ながら丁寧に接するとよいでしょう。

仮に異動があっても後輩と別の営業店などでまた一緒に仕事をすることもあると思います。円滑なコミュニケーションは同じ会社に長く勤めるうえでも重要です。ハラスメントを行わないことは、相手のためだけでなく自分自身のためでもあるのです。

⑪ 試験に合格できずに悩んでいる後輩へのアドバイスがわからない…

金融業務にかかわる試験は多岐にわたります。仕事で忙しく、なかなか勉強時間が取れないという後輩も少なくないでしょう。マンガのケースのように、試験に合格できず、どのように勉強すればよいか悩む後輩もいると思います。

行職員が受験する試験を分類すると、主に以下の3つになるかと思います。

①証券外務員試験など合格しないと業務を行えないもの
②ファイナンシャル・プランニング技能検定や銀行業務検定など業務知識の補完や昇進・昇格に必要なもの
③中小企業診断士など自身のキャリアアップに必要なもの

このうち特に、入社して間もない後輩が合格できずに悩むのは②でしょう。

試験日までの受験計画を立てるようアドバイス

こうした後輩には、まず試験までにどのように勉強をしたか聞いてみましょう。試験に合格できないという場合、「試験の数週間前から勉強した」など付け焼き刃の対応をしているケースも少なくありません。

そのうえで、試験日までの受験計画を立てるようアドバイスしましょう。例えば、試験日の1ヵ月前までにテキストを読んで学習し、その後は過去問題集を解く時間に充てるなど具体的な計画を立てるよう助言します。「勉強、頑張っている?」などと定期的に声をかけ後輩を励ますとともに、計画どおりに勉強しているか確認することも大切です。普段の業務をこなしながら試験勉強を長期間行うのは容易ではありませんが、効果的な受験計画を立てるためのポイントなど学習の過程で得られるものも多くあると思います。これらは後輩自身の業務に生かせることについてもアドバイスするとよいでしょう。

なお、後輩が学習する時間が足りないと悩んでいる場合、皆さんがサポートすることも有効です。試験前の1週間は定時退社できるよう上司に打診するなど、後輩が学習時間を確保できるようフォローしましょう。上司も試験にまつわる悩みを抱えた経験があるはずです。事情を説明すれば理解を示してくれるでしょう。

※本誌は、2018年～2020年に発行された雑誌『バンクビジネス』の記事を一部転載したほか、加筆しております。

・協力／佐々木有希子（地域金融アナリスト＆コンサルタント）／
竹岡聡子（おもてなし経営研究所 取締役）／
上村武雄（ノット・アドバイザーズ 代表）／
岩田規明夫（十六銀行 経営企画部 中小企業診断士）
・本文イラスト／アカツキウォーカー／たかはしみどり／山川直人
・表紙イラスト／たかはしみどり
・表紙デザイン／(株)アド・ティーエフ

バンクビジネス別冊
後輩指導に役立つ！
窓口実務・営業のおさらい辞典

2021年11月1日　発行

編　者　バンクビジネス編集部

発行者　楠　真一郎

発行所　株式会社近代セールス社
http://www.kindai-sales.co.jp
〒165-0026 東京都中野区新井2-10-11　ヤシマ1804ビル4階
電　話（03）6866－7586
ＦＡＸ（03）6866－7596

印刷・製本　（株）暁印刷

ISBN978-4-7650-2327-6